ज़िन्दगी तेरी धूप छाँव

रेखा मेहरा

notionpress.com
INDIA · SINGAPORE · MALAYSIA

Notion Press Media Pvt Ltd

No. 50, Chettiyar Agaram Main Road,
Vanagaram, Chennai, Tamil Nadu – 600 095

First Published by Notion Press 2021
Copyright © Rekha Mehra 2021
All Rights Reserved.

ISBN 978-1-68509-670-0

अनुक्रमणिका

मेरा परिचय

मेरा कविता संग्रह "ज़िन्दगी तेरी धूप छाँव" 10 वर्ष पहले आरम्भ हुआ, इसमें मेरे जीवन के कुछ अनुभव, छोटी खुशियां और बीती यादों का एहसास है। मेरी पहली कविताएं मुझे एक छोटी सी लाल डायरी में मिली यह मैंने बहुत बरस पहले हिमाचल, डलहौज़ी में लिखी थी। उनमें से दो कविताएं इस संग्रह में भी हैं।

यह डायरी मेरे साथ ही रही, मेरे जीवन का अहम भाग हो जाएगी, मुझे अंदाज़ा भी न था। कितने घर बदले, शहर बदले, विवाह हुआ, बच्चे बड़े हो गए, यह डायरी गुम ना हुई, मुझे शायद वह संकेत दे रही थी कि, तुम लिखती रहो, ऐसा ही हुआ। मेरी भाषा 40 वर्ष पश्चात लौट आई, कविता पन्नों पर उतरने लगी, पिछले दो वर्षों में, समय इतना तेज़ी से बदला है, शायद किसी ने सोचा भी नही था।

जो इस पल है, वह अगले नहीं है। इस समय में यह जो कविताएं मैंने लिखी, इस बदलते माहौल के साथ भी जुड़ी हैं।

खुशी हम सभी ढूंढते हैं, इस से मैंने शुरू की थी अपनी डायरी, इस माहौल को देखते हुए मेरी भावनाओं में बदलाव आया। पिछले जून, सात दिन मैं भी अस्पताल मे थी, दो कविताएं वहा भी लिखी, सामने दो वर्षों से खड़ा सत्य, उसे मेरी आंखें कैसे झुठला सकती है, पूछते हैं मुझसे, कविता कैसे लिखती हो तो मैंने सदा यही कहा-

"मैं उसे बुलाती नहीं
खुद ब खुद चली आती है
मेरे शब्द, भावनाओं से जुडः,
डायरी के पन्नों पर उभरे आतें"

मेरा कविता संग्रह बहुत ही सरल भाषा में है पहले विचार मात्र थे, फिर, डायरी के पन्नों पर लिखना शुरू किया धीरे-धीरे एक से अनेक हुई, परिवार व मित्रो ने उत्साहित किया और, कहा एक पुस्तक के रूप में प्रस्तुत करो, मुझे अधिक सोचना नहीं पड़ा, मेरे जो भाव मन में उठते थे, मैं अभिव्यक्त करती गई, रोज़मरा की ज़िन्दगी से चुराए लम्हे, कुछ बचपन की यादें, कुछ मां-बाप से सुनी कहानियां और अंत में अंतःकरण से मेरा नाता।

एक छोटी सी आत्मकथा बन गई है मेरी कहानी, इस में तीन शहरों का योगदान रहा। देश विभाजन के पश्चात रहने का कोई ठिकाना ना देखते लाहौर से परिवार बिखरा कुछ अमृतसर गया, फिर बनारस, क्योंकि पिताजी बनारस विश्वविद्यालय में पढः थे। मां पिताजी ने दो वर्षवहां बिताए। मेरा जन्म बनारस में हुआ। चंद पंक्तियाँ बनारस पर-

"मेरी जन्मभूमि बनारस,
तुझ में रहने का अवसर ना पाया

परंतु मेरे मन की शांति
चेहरे का सौम्य जीनेका एहसास
सभी तेरी माटी से आया"

वहां से दिल्ली पहुंचे और वही मेरी शिक्षा हुई, दिल्ली विश्वविद्यालय में पहले हिस्ट्री ऑनर्स मिरांडा हाउस से, दिल्ली स्कूल ऑफ इकोनॉमिक्स से मास्टर्स किया सोशयोलोजी में। कॉलेज में काम करने के कई बेहतरीन मौके सामने आए, पर मैंने विवाह कर अपना जीवन मुंबई से शुरू किया।

बचपन से ही, हिमाचल में डलहौज़ी से लगाव था, पूर्वजों ने वहां दो सुंदर घर बना दिए थे। दो कविताएं "एक संध्या बीत चली" और "टिमटिमाते तारे" गर्मी की छुट्टियों में अपनी खिड़की से पर्वतों को देखते रात को लिखी।

मुंबई, उत्तर भारत से बहुत भिन्न था, और कुछ अकेलापन भी था। विचार फिर से उभरने लगे भाषा धीरे-धीरे लौट आई, इन्हीं भावनाओं व यादों को बटोर आज "ज़िन्दगी तेरी धूप छाँव" आपके हाथ में है, सोचा आज के माहौल में दुख अधिक है, क्यों ना आपस में कुछ खुशियाँ बाँट लें, समय कठिन है शायद इन छोटी कविताओं से मन बहल जाए कुछ हल्का हो जाए।

"ख़ुशी, ने हंसते हुए
अपने अंदाज़ में कहा
ज़िन्दगी को बाहें खोल अपनालो
मै साथ ही
मुस्कुराती नज़र आऊंगी"

अब भरोसा है कि नया वर्ष जो आएगा हम सभी की उम्मीदों को पूर्ण करेगा। जो बीत गया उसे नही दोहराएगा आप सब को मेरी ओर से अभिनंदन है। यह छोटा सा कविता संग्रह मेरा पहला प्रयास है, इसकी सरलता और भावनाएं आशा है आपके मन को भी छू जाएंगी।

घन्यवाद
रेखा मेहरा

यादगार – In remembrance

मां पिताजी

शांता खन्ना भीमसेन जी कपूर

अमृतसर लाहौर

वाराणसी

डलहौज़ी

दिल्ली

बम्बई

कुछ साथ बिताए ज़िन्दगी के लम्हे

रेखा

ख़ुशी

खुशी मेरे अंतःकरण में रहती है, हर वक्त एक सुंदर मौके की तलाश में। कभी सूर्य की पहली किरण तो, बरसात की बूंदों में, नहीं तो सर्दियों की धूप में, बसंत के हर रंग में, मुझ सगं भीगना चाहती हैं।

कभी मनअधिक उदास व चुप हो, तो किसी और को सुकून, सांत्वना देने उनका सुख दुख बाटनें निकल जाती है।

कहती है, जल्द लौटूंगी। मूड, ठीक रखना।

"खुशी से आज मैंने कहा

तुम आओगी तो, ज़िन्दगी लौट आएगी

उसने कहा हिम्मत रखो

जल्द लौट आउंगी

इस क्रम में, रोज़मरा ज़िन्दगी की छोटी खुशियां

और डलहौजी में परिवार सगं बीती बचपन की यादें है।

नए वर्ष का पहला दिन

नए वर्ष का पहला दिन
कैसा होगा
आसमान नीला
कुछ हल्के सफेद बादल होंगे
हवा में ठंडक
उसका कण कण स्वच्छ होगा
मैं खुली हवा में
दिन भर श्वास ले सकूंगी
सन्ध्या समुद्र किनारे
सूर्य सुनहरा केसरिया बिखरा होगा
प्रकृति के हर रंग में
भीगी, ज़िन्दगी
तू कितनी खूबसूरत होगी
नए साल का हर दिन
ऐसा ही होगा

ख्वाबों की दुनिया

ख्वाबों की दुनिया
ख्यालों की दुनिया
पल-पल निकलते चंद लम्हों की दुनिया
यादों में डूबी भविष्य को ढूंढती
मेरे विचारों की है अलग से दुनिया
समय से परे शब्दों से लिपटी
यहीं आसपास घूमती
इच्छाओं की दुनिया
रात की नींद में ख्वाबों को सिमटे
परछाई सम भटकती
मेरी मायावी दुनिया

अभी तो तुम यहां थी
पलक झपकते कहां गई
लंबी उड़ान भर्ती
कुछ आकांक्षाओं की दुनिया

कभी बिखरती कभी सिमटती
यह मेरी छोटी सी
ख्वाबों की दुनिया

सूर्य धरती पर उतरा

समुद्र किनारा
पत्थरों पर बैठ
एक अजूबा देखा

बादलों को चीर
अपने पूरे तेज में
प्रकृति के
कण-कण को ढकता
चकाचौंध करता
सूर्य धीरे, धीरे, धीरे, धीरे,
धरती पर उतरा

आग में तपता लोहा
या जौहरी का सोना
समुद्र तरंगों पर
पिघला पिघला

यह अजूबा
आंखों ने देखा
मन ने महसूस किया
आज सूर्य
क्षितिज पर पिघला

कुछ रंग चुराए मैंने

गुलाब से लाल, गुलाबी उठाया
सूर्य किरणों से केसरिया
बादलों से सफेद
आकाश से नीला

पेड़ ने कहा, हरा मुझसे ले जाओ,
बिखरे फूलों ने कहा,
अब सब कुछ तुम्हारा
उम्मीद की तूलिका उठा
ज़िन्दगी तेरे कैनवस पर
रंगों को उतारा

तू कितनी निखर गई
एक बार फिर
खूबसूरत हो गई

उदासी

पलके उठाओ
कुछ तो करीब आओ

मेरी हर धड़कन, हर सांस में
हर इच्छा में
हर चाह में
उत्सुक निगाहों में
बस अपना ही प्रतिबिंब पाओगी

इतनी उदासी क्यों
आंखें इतनी
डरी सहमी सी क्यों
पलकें उठाओ

मेरा आईना

खास दोस्त है
मेरे सुख दुख का साथी
हर भावना समझता है
मेरी मुस्कुराहट पर
जान निस्सार करता है

मेरी उदास आंखों से छलकते
आंसू भी पी जाता,
बेमतलब
इधर-उधर का ज्ञान
नहीं बाटतां मुझे
बहुत ही खुश रखता

हैरान हूं मैं
जो देखना चाहती हूं
वही दिखाता है मुझे
सच्चा मित्र सगा मेरा
हर वक्त मुस्कुराने को
कहता मुझे मेरा आईना

चाय टाइम

चाय टाइम
संध्याकाल
मौसम में कुछ बदलाव
हवा में ठंडक
आए हो तो एक मूड़ा उठा लाओ

चाए का एक कप तो बनता है
अब बताओ
हल्की या कड़क
अदरक इलायची या
इंग्लिश डिप डिप

अरे तकल्लुफ कैसा
बारिश का मौसम है
पेड़ पौधे हरे भरे
करने को कुछ भी नहीं

चाय आती ही होगी
आए हो तो बैठे रहो
आपको ही याद कर रहे थे हम
कहिए कैसे आना हुआ

नारज़गी

मेरी खामोशी पर
इतनी नारज़गी कैसी

ज़रूरी तो नहीं
कोई वजह होगी

कभी-कभी, मुझे
अपने अंतःकरण की
आवाज़ ही भली

शिकायत

यह क्या दिन भर अपनी
शिकायतों का बोझ उठाए
इधर उधर फिरते हो

क्या बात करें तुमसे कोई
हर लफ्ज़ में
एक नई शिकायत
ढूंढ लेते हो

संसार के गम
केवल तुम्हे तो नहीं मिले
शिकायतें सम्भालो
ज़िन्दगी संभल जाएगी

एक एहसास

अब आए हो तो
कुछ पास बैठो
ज़िन्दगी के लम्हों को
फिर समेटने की कोशिश करें

कुछ अपनी कहो कुछ मेरी सुनो
यूं चुप तो ना बैठो
रास्ते अलग हुए
मंज़िलें बदली
पर ख्वाब तो नहीं बंटते
ख्वाब जो साथ देखे थे
दिलों में घर बना बैठे

कुछ बातें अपने तक ही
सिमटी रही,
अब आए हो तो पास बैठो
अब शिकायतें कैसी
जो वक्त गुजर गया
लौट कहां आता है

ख़ुशी

मुझे उदास देख
खुशी यूँ बोली
मेरा साथ चाहिए तो
कदम से कदम मिला रखना
घर और मन के
खिड़कियां दरवाज़े
खुले रहे
ठंडी हवा को आने देना

सुबह की धूप
और बारिश की बूंदों में भीग जाना
चिड़िया को दाना पानी देते रहना

पौधों से भी आते जाते
कुछ बातें कर लेना
रास्ते में मां दादी मिले
तो कुछ मुस्कुरा देना

मैंने खिड़की क्या खोली
खुशी मुस्कुरा हाथ हिला,
मुझ से बोली
मैंने जो कहा याद रखना

आजके माहौल में
कुछ लोग ज़्यादा उदास हैं
कुछ खुशी उन्हें भी बाटं आऊं
घबराना मत
हिम्मत मत हारना
खुश रहना
मैंने जो कहा करते रहना
मैं जल्द लौटूंगी

दादी और तुलसी

एक छोटा सा घर
शहर के बाहर
और भीतर भी
घर के बीच एक आँगन
दादी दिन भर
धूप सेकती
तुलसी को सींचती
निहारती

दोनों आपस में ख़ुश
दादी और तुलसी

बांसुरी

हर रविवार
बांसुरी वाला नीचे से गुज़रता
अपनी मीठी धुन से
मन मुग्ध कर जाता
सोचा क्यों ना, अगले रविवार
एक बांसुरी मैं भी ले आऊ
मीठी धुन से
सभी को खुश कर दूं
बांसुरी खरीदी
होठों को कई बार लगाई

सुरीली धुन की जगह
फटे बांस की आवाज़ ही आई
समझ आया
सुरीली धुन सदा
ऊंची इमारत में ही नहीं बनती
धरती पर उतरना पड़ता है
कई बार

छोटी चिड़िया

हर सुबह

छोटी चिड़िया
पड़ोसी की बालकनी में
चहचाहती है

मैं चाहती हूं
वह मेरे घर भी आए
पानी दाना भी रखती हूँ
छिपकर खिड़की से
उसकी राह देखती हूँ
शायद उसे अपनी आज़ादी
और पड़ोसी की टूटी पाइप ही
पसंद है

दिन भर
अपने बच्चों के साथ
फुदकती खुश नज़र आती है
छोटी चिड़िया

गुलमोहर

गुलमोहर
एक छोटा सा घर
शहर के भीतर भी बाहर भी
घर के बीच एक आंगन
आंगन में
एक गुलमोहर

हल्की मदमस्त हवा
मखमली फूलों की
केसरिया पंखुड़ियां
मेरे चेहरे को छू
धीरे धीरे
मेरे आगोश में आ सिमटी

मुकदमा

शिकायत दर्ज़ हुई
मुकदमे की सुनवाई कल होगी
कोर्ट खुली
ना जज
ना वकील ना गवाह
ना मुजरिम

शिकायत किसने की
कौन गुनाहगार
किस पर मुकदमा हो
अजीब सा माहौल
सब ओर हाहाकार
हर एक दूसरे को
शक की नजर से देखता

देश-विदेश समस्त संसार
इसकी चपेट में कैसे,
कहां शुरू हुआ
कहां से आया, किसे बुलाएँ

दीवारों के पीछे
बावला सा फिरता
अपने अहंकार के नीचे दबा
लालसा से घिरा
हर शख्स गुनहगार
भीतर डर और सन्नाटा
बाहर प्रकृति पूरे निखार पर

मुकदमा शुरू होने से
पहले ही खारिज
ना जज
ना वकील ना मुजरिम
केवल
एक मात्र सन्नाटा

बदलाव

सोचती हूँ
कुछ सब्र कर लूं
कोई यहां कुछ नहीं जानता
न कहता है

माहौल कुछ बदला सा है
सहमी नजरों में
अनगिनित प्रश्न पर उत्तर कहां

फिर भी मेरा मन कहता है
समय आने पर
प्रकृति नए रंग रूप में ढली होगी
इंसान की सोच में
कुछ तो बदलाव होगा

ज़िन्दगी
तेरी नई शुरुआत होगी
इन दीवारों के बाहर

तेरी मेरी
फिर मुलाकात होगी

इस नए दौर में
हम दोनों की एक
खूबसूरत कहानी होगी
ऐसा कहता है मेरा मन

बचपन

डलहौज़ी हरी छत के नीचे और पीली कोठी अमृतसर मां पिताजी दोनो के बडे: परिवार थे, हर वक्त मिलना मिलाना, कही भी पहुँच जाना, ना प्रश्न ना उत्तर। छुट्टियों के आरम्भ होते ही निकल जाते। अमृतसर की पीली कोठी, खेतों में भागना, कूऐं पर नहाना, रात चादर पर पानी छिड:क, तारो भरे आसमान नीचे अनगिनित चारपाईओं बीच एक और लगा सो जाना।

कुछ कविताएं इस संग्रह मे भी है आप मेरे सगं उन भूली बिसरी यादों मे खो जाइए। छोटी खुशी आप को भी महसूस होगी। वह ज़िन्दगी सरल थी, प्यार व दुलार की कमी ना थी। पीली कोठी अब नही है। डलहौज़ी का घर वैसे ही है।

मां

मां तो बस मां ही होती हैं
हर परिभाषा अर्थ से परे
एक अनुभूति
हर समय आसपास
घूमती छाया का एहसास
मां तो बस मां ही होती है

बचपन की अनेक
यादों से जुड़ी श्रृंखला
भिन्न रिश्ते निभाती
अपनी ज़िम्मेदारियों संभालती
केवल प्यार की एक संवेदना

किस शब्द से बांधू इसे
क्या नाम दूं
वह नज़र ही नहीं आती
उसकी पहचान कैसी
वह तो बस मां ही होती है

शायद जन्मदिन पर
रसोई घर से आते शीरे की
खुशबू ही मां
रात के अंधकार में
आंसुओं को पोंछती
गाल सहलाती कुछ उंगलियां
ही मां

हर रंग रूप से परे
वह तो अपने ही सिक्के में
ढली आती है
इस समय उसका
मेरे आस पास होने का
एक आभास
हर एक की मनचाही कल्पना मात्र
मां तो
बस मां ही होती है

मा पिताजी

लाहौर से बनारस
बनारस से दिल्ली
बीच कुछ समय अमृतसर,
ज़िन्दगी तेरा यह लंबा सफर
हर मोड़ पर नई यादें समेट
आगे निकलता रहा

वाराणसी मेरी जन्मभूमि
जिसमें, समय तो नहीं बिताया
पर आने वाली जिंदगी
तुझे जीने का मकसद पाया
दिल्ली तेरे कई किस्से कहानियां
कितने इतिहास
तेरे गली मोहल्ले
लाहौर से बहुत दूर ले आए

घर बार छूटा
काम बदले, ना वह नाम
अनजान चेहरे अनजान शहर

परिवार बिखरे रहने के तरीके बदले
तेरे सैंकड़ों बदलाव
कई उतार-चढ़ाव
हर मुश्किल में मां पिताजी के
हौसले को बुलंद पाया

कई बार मन
उन्हें याद करता है
सोचता है समय कुछ
ठहर जाता, उनके
किस्से कहानियां उन्ही की
जबां सुन पाता।

100 वर्ष

100 वर्ष पूरे कर
मां इतिहास का
एक पन्ना हो गई
इस लंबे सफर का
हर किस्सा कहानी
अपने सीने में दबा
चुपचाप निकल गई

मन खाली भी सुना भी
पर उस मां से
क्या नाराज़गी
जो अब रही ही नहीं
डायरी सामने खुली पड़ी है
उसमें लिखने को कुछ भी नहीं

किन यादों से भर दूं इसको
हर पन्ने पर एक मुस्कुराता
चेहरा नज़र आता है
शायद मुझसे
कुछ कहना चाहता

कोने की मेज़

मेरे घर का एक कोना
सुबह की धूप में
भीगा है रहता
मां पिताजी की तस्वीर
यही रखी है

खिड़की से आती धूप
दिन भर
उस पर बिखरी रहती
आते जाते मेरी नज़र
उस सुंदर मुस्कान पर
कुछ पल ज़रूर ठहरती

याद है मुझे, सर्दियों की
धूप में चारपाई पर लेट
पेपर पढ़ना और
आखं का वही लग जाना
कितना
अच्छा लगता था उन्हें

घर का एक कोना
यह मेज़, फूल पौधे और
मुस्कुराती तस्वीर
कितना खुश रखती
मुझे

मेरा बचपन

बचपन में लौट जानेको
जी चाहता है
फिक्र चिंता से दूर
अपने पराए रिश्तो को छोड़
सीधी सादी ज़िन्दगी बिताने को
जी चाहता है

होली में टेसू के रंग
दिवाली में बाज़ार की रौनक
नुकडः की रामायण देखने
को मन कहता है

मुख पर लगे यह मुखोटे कैसे
इन्हें उतार फेंकने को
एक दूसरे को गुदगुदाने
हंसने हंसाने को मन
कहता है

मेरा शहर

यह मेरा शहर कैसा है
सोता ही नहीं, लगता है
रात यहाँ
होती ही नहीं

सुबह से शाम
शोर ही शोर
सड़कों पर गाड़ियों का शोर
कार से उतर
एक दूसरे की खूब पिटाई करते
लोगों का शोर
ट्रेन पकड़ने की उम्मीद में
भागते
पद यात्रियों का शोर

रात को भोजन पश्चात्
हर कमरे में टीवी का शोर
रसोईघर से गिरते बर्तनों का शोर
दिन के हर प्रहर में
बस शोर

नींद से बोझल,
सोने को आतुर आखें
अचानक दीवारों को चीरती
सिसकियों की आवाज़
पति पत्नी की
अधूरी आकांक्षाओं का शोर

बच्चों को फटकारते
ज़ोर से चिल्लाते
अपनी उम्मीदों को साकार करने
की कोशिश में मां-बाप का शोर

दिन भर बाहर सड़कों पर,
रात को ज़िन्दगी तेरी
कशमकश में दबी
मन की उदासी का शोर

यह मेरा शहर कैसा है
सोता ही नहीं
लगता है
रात यहां होती ही नहीं

खाली घर

घर कुछ बदला सा लगता है
पहले से बड़ा दिखता है
एक वक्त था चहल पहल थी
हर कमरा बच्चों की आवाज़ से
और पूर्वजों के ज्ञान
आशीर्वाद से गूंजता था

कभी आलीशान था
हर वस्तु मूल्यवान थी
बहुत संभाल कर रखती थी
दादी इसे
हर एक के पीछे एक कहानी थी
उनके जाने के बाद

अलमारियों में इधर-उधर सामान सजा
शेष, तो महंगी लकड़ी
की दुकान सा लग रहा
आज के इस माहौल में कुछ भी
सवारनें को जी नहीं करता

सब कुछ
बेमतलब सा इधर उधर पड़ा है
मन कुछ रीता,
कुछ यादों से भरा
अब घर
पहला सा नहीं दिखता
वह खुद ही, अपने में
अपनापन तलाश रहा

नानी घर

ईशा भागों मिहिर भागो
सानिया समिका जल्दी भागो
गाड़ी आई छुक-छुक आई
ज़ोर लगा कर उपर जाओ

खाली ट्रेन, खाली डिब्बे
जो मिलता है चढ़ते जाओ
नाना जल्दी आगे आओ
इंजन बनकर सीटी बजाओ
नानी मासी चढ़ते जाओ
छलांग लगाकर अंदर आओ

सीधे जाओ लंबे जाओ
गोलमोल बस घूमते जाओ
गाड़ी रोको ब्रेक लगाओ
ज़रा ज़ोर से ब्रेक लगाओ
एक दूसरे से भिड़ते डिब्बे

हा हा ही ही हंसते डिब्बे
फिर से जुड़ते, खुलते डिब्बे

नानी मासी तुम भी आओ
गाड़ी आई गाड़ी आई
सब बच्चों की छुक-छुक आई
जल्दी आओ भागकर आओ
मौज मस्ती में हंसते जाओ

दादी मां

दादी दिन भर क्या सोचती है
कुर्सी पर बैठी टीवी देखती
उठते बैठते
किन ख्यालों में खोई रहती है
वर्तमान को भूल अतीत में डूबी
किन यादों में रहती है
दादी दिनभर क्या सोचती है

कभी लाहौर का घर
तो घोड़े टांगे की सैर
अमृतसर की ठंडी गलियां
जलेबी लस्सी का स्वाद
मां बाप के साथ बिताए पल
तो भाई बहनों का प्यार
दादी क्या सोचती है

एक-एक कर सब दूर हो गए
अकेले अनजान शहर में
खाली सी ज़िन्दगी
जिसमें ना गम की गुंजाइश

ना इच्छा ना चाह
आंखों की नमी
कई बरस पहले दादा संग
निकल गई
दिनभर दादी क्या सोचती

कभी-कभी यूं ही बैठे
हंसती है
मैच देख खूब ताली बजाती है
पर्दे पर आती बहू बेटियों को
समझाती फटकारती है
यहां कौन सुनने वाला या सुनाने वाला
दादी क्या सोचती है

शाम को बिस्तर पर लेटे
कमरे की छत को टकटकी लगाए
आते जाते चेहरों में
पहचाने चेहरे शायद ढूंढती है
अपने से ही बातें करती
कभी मुस्कुराती कभी उदास
धीरे-धीरे सो जाती है
दादी दिनभर क्या सोचती है

रिश्ते

समय अचानक कैसा बदला
रिश्ते बदले
आपस में मिलने के
तरीके बदले
एक वक्त था
दोस्त दूर से दिखता
भाग कर गलेमिलते
अब तो उनकी परछाई से भी
डरते हम
रूठना झगड़ना बच्चों को
कौन सिखाएगा
दादा दादी से
प्यार में लिपटना
उनके हाथ से खाना
सब फोन
की दूरी में बदल गए

यह दूरियां कब मिटेंगी
नादान है, बच्चे

प्यार की भाषा है समझते
ज़ूम पर मिलने से
मना करते हैं

बरसात

इस बरसात में
ना जाने
कैसा जादू है
ज़िंदगी
खुद - बखुद
चली आती है

जिस्म
पर गिरती
बूँदें
कुछ पल
ठहर
मेरे तन मन को
रोमांचित कर जाती

महफिल

बरसात फिर आ ही गई
आई हो तो तुम्हारा अभिनंदन है
आज महफिल रूहानी
श्वेत मखमली चादरें
नरम तकिए
गुलाब की पंखुड़ियां
मोंगरे की खुशबू

हर शख्स नए अंदाज़ में
खुश नज़र आता है

भीतर फूलों की खुशबू से महकताघर
गीत का मधुर स्वर
तबले पर थिरकती उंगलियां
अपनी ही खुमारी में
मदहोश यह रात
अपनों के साथ बीता हर लम्हा
आज की रात
सब तेरे ही नाम

बरसात

सुबह से काले घने बादल
आसमां को ढके
बरसात ऐसे बरसी
थमने का नाम ही नहीं

मैंने पूछा
अब रात हो चली
तुम हो कि रूकती ही नहीं
तुम्हारी अनगिनित बूंदे
आपस में जुड़ती
असंख्य झरने बन
खुलकर बरसती

क्या कुछ दर्द छुपाए हो भीतर
कुछ तो कहो
इन बहते आंसुओं को
समेटती क्यों नहीं

दिल्ली की गर्मी

दिल्ली की गर्मी
इस मई-जून की गरमी में
चैन कहा
तपते जिस्म गर्म दिमाग
हवा का नामो निशान
नहीं

नल का पानी भी
जिस्म को जला देता
दो-चार बर्फ
के टुकड़े डालने पर भी
सुकून कहां मिलता
दोपहर को आंधी तूफ़ान का बवंडर
रेत मिट्टी से ढका हर इंसान

शाम को
हल्की बारिश की बूंदे
कुछ पल के लिए थोड़ा चैन
लू रेत से भरी
उफ़्फ़ दिल्ली की गर्मी
कितना करती हैरान हमें

डलहौज़ी

"ज़िन्दगी तेरी धूप छाँव" कविता संग्रह अधूरा रहेगा, यदि इसमें डलहौज़ी हिमाचल प्रदेश का ज़िक्र ना हुआ। छुट्टियां शुरू होते ही ट्रेन से पठानकोट फिर वहां से बस। बस अड्डे से एक घंटा पैदल पगडंडियों और पहाड़ों पर चढ़ते हुए हम अपने घर पहुंच जाते।

दो घर थे, हरि छत के नीचे। पूर्वजों की धरोहर, अप्रैल से लेकर अक्टूबर तक भरे रहते थे, मई जून में तो 40 से 50 परिवार सदस्य सदा ही थे। रोज़ कहीं पिकनिक नहीं तो शाम को पोस्ट ऑफिस से ठंडी गर्म सड़क की सैर। दिनभर बच्चों का खूब पगडंडियों पर भागना चोर पुलिस खेलना, मस्ती मौज। दुनिया से बेखबर रात को चुपके से नीचे उतर अपनी चुन्नी में जुगनू भर लाना।

उन्हीं यादों को मन में रख हम हर बरस जाने की कोशिश तो करते हैं। घर वही है, और शाम को भभकती आग भी, और बातों का माहौल, हँसना हसाना

भी वही है। आइए आप भी कछ दिन मेरे सगं डलहौज़ी के जंगलों में बिताइए।

आइये कुछ दिन

ना जाने
डलहौज़ी के जंगलों में
क्या जादू है
चीड़ देवदार की खुशबू
बार-बार बुलाती है हमें
धौलाधार पीर पंजाल की
बर्फीली चोटियां

कालाटॉप डैनकुंड की
पगडंडीयां
खजियार की घाटी से
उठते बादल

कमबख्त मन है कि
मानता ही नहीं
शहर लौटना चाहता
ही नही,
कहता है

एक छोटा सा
सुंदर
घर बना
इन्हीं जंगलों में खो जाऐं
अब शहर को भूल जाऐं

हरी छत्त के नीचे

चीड़ देवदार जंगलों बीच
नीले सफेद बादलों से ढका
हरी छत के नीचे
एक सुंदर सा अपना घर

गर्मी की धूप
बर्फ का पिघलना
गुलाब का झाड़
फूलों से लदा, कुदरत के हर रंग
से भरपूर
यह अपना घर

दिनभर मौज मस्ती
ना पढ़ने की होश,
लड़ना झगड़ना कभी
कालाटॉप पर पिकनिक
तो कभी खजियार, डैनकुंड की सैर

सूर्य ढलते ही लकड़ियों की
भभकती आग
बाघ भालू की कहानी
बचपन के किस्से बार-बार दोहराना

कुछ ही दिनों का मिलना मिलाना
अगले बरस
लौट आने के वादे

पुनः शांत एकांत
बकरोटा के जंगलों में
हरी छत के नीचे
पूर्वजों की धरोहर
एक सुंदर सा अपना घर

डलहौज़ी एक सुबह

सुबह नींद खुली
अलसाई आंखों ने
खिड़की से झांका

घाटी से उठती धुंध
पहाड़ों को छू
मेरे जिस्म से
आ लिपटी

एक लंबी सांस
अंगड़ाई भर
बाहें फैलाई
पहाड़ी सुबह
तेरी हर खुशबू
मुझ में आ समाई
कैसा मीठा सुकून

एक पहाड़ी संध्या

चीड़ देवदार तले
छोटे से टीले पर
सफ़ेद व पीले फूलों के बीच
एक संध्या बीत चली

धीमी धीमी हवा
चीड़ देवदार की खुशबू
लौटती पहाडिनों के
मनमोहक गीत में
उड़ते पक्षियों के मधुर संगीत में
एक संध्या बीत चली

स्लेट की छत के घर
डूबते सूर्य की अंतिम किरण
लालिमा जगमगा रही है
यहां वहां
इन्हीं नज़ारों में
एक संध्या बीत चली

सीडी नुमा खेत, हरी भरी
लहलहाती फसल
इन खूबसूरत
पहाड़ी नज़ारों
में एक संध्या

डलहौज़ी टिमटिमाते तारे

रात का प्रहर
कमरा अंधकार से भरा
मेरी खुली खिड़की से
नज़र आता अथाह
आकाश

टिमटिमाते तारे
छोटे तारे जगमगा रहे हैं
जुगनू की तरह
कभी बुझते कभी जलते
इधर-उधर

बत्ती बंद हो गई
अंधकार भीतर भी बाहर भी
छोटे तारे टिमटिमा रहे हैं

जब तक अंधकार है
चारों ओर शांति है
यह टिमटिमाएगे
काली मिट्टी पर

ओस की बूंदों सम
बनते, मिटते बिखरते

धीरे-धीरे
पर्वतों के पीछे से
सूर्य का तेज़,
सुबह का आवाहन
छोटे तारे नहीं जगमगाए

कल रात इनके इंतजार में
इसी खिड़की से मैं देखूंगी
दूर तक फैला आसमान
और
कुछ नन्हे तारे
मेरी राह देखते
मुस्कुराते, टिमटिमाते
कुछ इधर की
कुछ उधर

ख़ामोशी की आवाज़

ना कोई
ध्वनि ना
शब्दों का शोर
चारों ओर सन्नाटा
फिर भी
ख़ामोशी में
यह कैसी आवाज़

ना आपस के झगड़े
ना बातों में बात
मेरे शब्दों में
कैसा ज्ञान
तुम्हारे विचार
भी कहाँ महान

कितना
हल्का मेरा मन
ना ध्वनि ना शोर
फिर भी
ख़ामोशी में
यह कैसी आवाज़

मैं और मेरी ख़ामोशी

मैं और
मेरी खामोशी
अच्छे दोस्त हैं
आपस में खुश हैं

डलहौज़ी की सुबह
देवदार चीड़ जंगलों में
निकलते हैं
खामोशी
मेरे साथ ही रहती है
यह मेरे विचारों को
खूब समझती है

वहीं चट्टान पर बैठ
आंखें मूंद
हम दोनों ध्यान मुद्रा लगाते हैं
जंगल की खुशबू पक्षियों का चहचहाना
हर और प्रकृति का नज़ारा

इस शांत वातावरण में
एक दूसरे को महसूस कर
खुश रहते हैं
मैं और मेरी खामोशी
आपस में खुश हैं

यह मुझे परेशान नहीं करती
अनचाहे सवाल भी नहीं करती
बस मेरे आस-पास ही रहती है
मेरी अच्छी दोस्त
मेरी खामोशी

ज़िन्दगी तेरी धूप छाँव

ज़िन्दगी तुझे ना तो हम देख पाते हैं और महसूस करने की कोशिश ही नहीं करते। सुबह होती है बस घड़ी देख चलते रहते हैं, रात को सोचते हैं दिन बीत गया, वह कैसे?

सुख-दुख तेरे ही सिक्के के दो पहलू हैं, सुख हो, तो मन खुश रहता है आस पास सभी अच्छा दिखता है।

यदि सब विपरीत हो जाए तो मन हृदय उदास हो जाता है। कभी तो यह दर्द, अपने तेज़ बहाव में, ज़िन्दगी तुझे तहस-नहस कर, कही का नही छोडःता।

फिर भी नादान मन, खुशी की तलाश में, उम्मीद बनाऐ रखता है। इस आशा में,

अगले पल शायद कोई अजूबा हो जाए, पहला सा सुख चैन लौट आए।

जी चाहता है तूलिका उठा

जी चाहता है
तूलिका उठा
ज़िन्दगी
तुझे नए रंगो से भर दूँ
फिर एक बार
सुबह की धूप में तू
सुनहरी गुलाबी हो

संध्या के ढलते
पीली केसरिया हो
रात्री को सफ़ेद बिखरी चाँदनी हो
जिस ओर क़दम उठे तू
भरपूर सतरंगी हो
फिर एक बार
मेरा मन सोचता है

जब चाहे चली आना

ज़िन्दगी जब चाहे चली आना
खिड़की द्वार कुछ भी खुला हो
धीरे से भीतर आना

मैं सोई हूं तो कोई बात नहीं
द्वार को हल्के से थपथपाना
नींद की खुमारी में पलकें
ना खुली तो
बस आस-पास ही रह जाना

नहीं तो सुबह उठने पर
खिड़की से बाहर
उम्मडःते बादलों में
आकाश से गिरती बूंदों में
कोयल की कूक
हवा के झोंके में

मैं तुम्हें फिर ढूंढूगी
इतना करीब पाकर भी
छूना पाऊंगी

इस तरफ यदि आना हुआ
आपना ही घर समझ
चौखट लांघ आना
खिड़की पर बैठ दोनों
दुनिया का नज़ारा देखेंगे

कल्पनाओं के पंख लगा
कहीं भी निकल जाएंगे
ज़िन्दगी जब चाहे आना
आना जरूर आना

रफ़्तार

ज़िंदगी
अपनी रफ़्तार
कुछ धीमी कर
कुछ तो थम जा

वह शाम हो
जहाँ परिवार, मिल बैठ
समय बिता पाए

बिखरी चाँदनी
ख़ुशी का माहौल हो
कुछ कहें, कुछ ना भी कहे
एक दूसरे की
नज़दीकियों का एहसास हो

यूं ही बातों में सुबह हो जाए

ज़िंदगी का सफर

ज़िंदगी
तेरे इस लंबे सफर
की कहानी भी मैं
मंज़िल भी मैं
राहगीर मैं
मार्गदर्शक भी मैं
चौरस्ते पर पहंचु तो
नए रास्ते खुलते रहे
उम्मीद के चिराग जलते रहें
हौसले बुलंद हो
कदम तेजी से आगे
बढ़ते रहें

मार्ग में
बारिश में
भीगना होगा
धूप में पेड़ भी ना होंगे
मन मेरे निराश ना हो
अपनों का साथ हो
जीने का
नया मकसद
बना रहे

ज़िंदगी तेरी सच्चाई

महान ग्रंथों में पढ़ा
गुरु जी ने समझाया
मां बाप ने सिखाया
विचारों ऊचें रखो
सोच सच्ची रखो
रगं जात का भेद ना हो
सभी एक हैं मान कर चलो
ज़िंदगी तेरी शिक्षा जीने का
वक्त आया
बाहर संसार में कुछ और ही पाया
शायद मेरा ज्ञान ही कुछ अधूरा
या, मेरा अहम
इसे समझ ही ना पाया
कुछ तो बता ज़िन्दगी
तेरी सच्चाई क्या

तेरी डायरी का

तेरी डायरी का हर पन्ना
हर कहानी मुझे मंज़ूर

जीवन के पन्नों पर उतरा
हर वाक्य हर किस्सा मंज़ूर

कई कहानियां अधूरी रही
कुछ मेरे तक ही सीमित
जो बीत गया
उसे अब क्या दोहराना

ज़िन्दगी तेरी डायरी का
हर पन्ना हर लम्हा
मुझे मंज़ूर

दिन भर यादों को डायरी में

दिनभर
यादों को
डायरी में बंद कर
इधर-उधर छुपाए फिरती हूं

ना दिन में राहत
ना ही नींद में चैन

कब कैसे चुपके से
डायरी के पन्नों से निकल
रात को

ख्वाबों को घेर लेती है
यह
भूली बिसरी यादें

लम्हें

आज आए हो तो
कुछ पास बैठो
ज़िन्दगी के बिखरे लम्हों को
एक बार फिर
समेटने की कोशिश करें
कुछ अपनी कहो
कुछ मेरी सुनो
यूं चुप तो ना बैठो

समय के साथ रास्ते बदल गए
मंजिलें अलग हुई

पर ख्वाब जो साथ देखे थे
दो दिलों में घर बना बैठे
ख्वाब भी कभी बटंते हैं

समय निकलता रहा
कुछ बातें अपने तक रही

वक्त की तलाश में
आपस की दूरी बढ़ती गई
बीते लम्हे लौट कहाँ आते हैं

आंखों की नमी पर मत जाओ
अगर दिल में कुछ है
अभी कहते जाओ
फिर पास बैठने का मौका
मिले ना मिले
दरवाज़े पर लगे ताले से
समझ जाना
अब इस घर में रहने वाला
कोई नहीं है

ज़िन्दगी का सार

इतने कठिन प्रश्न पूछते हो
हर समय ज्ञान की सौ बातें करते हो
ज़िन्दगी का सार कुछ भी नही
एकदम सरल

ना पहेली ना कहानी
एक खुली किताब

मेरे आंखों का प्रतिबिंब
मेरे अंतःकरण की पहचान मात्र
मेरा अपना कुछ भी तो नहीं
कुछ करीब आओ
शांति से बैठो
कुछ तो समझो
यह भावनाओं का
मोलतोल तो नहीं

चंद बचपन की बातें
कुछ अजीब इतफ़ाक

कुछ अधूरी कहानियां
बे मतलब, इनका अब ना कोई सार
गणित भूगोल राजनीति की
हेर फेर
समझनी है तो कही और
जाइए,

समय है तो पास बैठो
ज़िन्दगी की किताब
खुद ब खुद
खुलती चली जाएगी
हर पन्ने पर एक
दिलचस्प कहानी होगी

एकांत

शब्दों से परे
एक एकांत ज़िन्दगी
जहां शब्द खत्म
शातं बहुत शांत ज़िन्दगी
शब्द रुकते नहीं थमतेनहीं
बहुत कुछ कह जाते हैं

कहीं भी कुछ भी
कह सुना आते हैं
ना उम्र का लिहाज़
ना रिश्तो की सोच
ना भावनाओं का दर्द

बात ऐसे बिगड़ती है
अपने अपनों से
दूर निकल जाते हैं
शब्दों से परे
एक एकांत ज़िन्दगी
जहां शब्द खत्म
बहुत शातं ज़िन्दगी

बेचैन मन

ज़िन्दगी
तेरे इतने पल
आंख झपकते ही निकल गए
शायद कभी कुंभ मेले में
पीछे छूट गए

बेचैन मन
बावला सा हर कमरे में
अलमारियों में पुरानी किताबों में
हर सुबह तुम्हें खोजता
हताश हो
रात के सन्नाटे में
चुपचाप अपनी डायरी में
वह खोए पल
यादों से सीचता
मेरा मन
कुछ खाली
कुछ रीता

एक शाम न्योता आया

एक शाम
एक न्योता आया
अनमने मन को समझाया
चल उठ शहर की रौनक देख आएं
कुछ मौज मस्ती हो जाए

आखिर पहुंच ही गए भीड़ में
मनोरंजन कुछ नाच गाना
इस दौर आप तो मेरे पास ही खड़े थे
कुछ बातें हुई आपकी सरसरी नज़र
मुझे बहुत कुछ कह गई

मैंने ऐसे में
आपका परिचय ही पूछा
जी आप कौन
अरे नहीं पहचाना मुझे
उधर से उत्तर आया
मैं नाम हूं काम हूं
यह कपड़े यह जूते

मेरा बंगला गाड़ी सब मेरी पहचान
फिर भी आप मुझ से अनजान

तभी एक वेटर उधर से आया
आपने ज़ोर से आवाज़ दे उसे बुलाया
ट्रे उठा इधर-उधर देखता घबराया
किसी और की आवाज़ सुन
उस तरफ कदम बढ़ाया
जनाब गुस्से में तिलमिलाए
फिर क्या था
ज़ोर से मैनेजर को बुलाया
नही जानते मैं कौन
इस अनपढ़ गवार को
अभी बाहर निकालो
नहीं तो तुम भी यहां से चलते बनो

आगे क्या हुआ क्या मालूम
चुपचाप पानी पी
कुछ काजू किशमिश के दाने उठा
अपने घर को लौट आया

बता दिया मैंने

बताना... ज़रूरी तो ना था,
फिर भी सोचा
तुम्हें बता ही दूं

तुम्हारे साथ
बीते कुछ लम्हे
चुरा लिए मैंने
ढूंढना मत,

मुझे अच्छे लगे,
अपना बना
दिल के एक कोने में
छुपा दिए मैंने

कहना
ज़रूरी तो ना था
फिर भी,
अपने मन का बोझ
हल्का कर लिया
बस यूं ही
तुम्हें कह दिया

रात भी गज़ब की चीज़ है

यह रात भी गज़ब की चीज़ है
नींद में निकल जाए तो
ज़िन्दगी कि होश नहीं
ना ही कोई ख्याल ना ही कोई सोच
बस चंद ख्वाबों की मौज
पर उस रात का क्या जो
रात ही रह जाए
सलवटो पर करवटें बदलती गुज़र जाए
अंधकार सन्नाटे से भरी रात
पलकें सोने को आतुर
कब पलकों से फिसली
कहां किधर को गई

आंखें कभी बंद कभी खुली
अंधेरे में नींद को
इधर-उधर ढूंढती
ना जाने कब
किस संग निकल गई

शायद घूम फिर कल लौट आए
रात के सन्नाटे में
चुपके से पलकों से
आंखो में समा जाए

और मेरी रात
फिर गज़ब की हो जाए
ना कोई ख्याल ना सोच
बस वही
चंद ख्वाबों की मौज

उसने मुस्कुराकर जो देखा

उसने मुस्कुराकर जो देखा
इन आंखों में मदमस्त चमक
होठों की मुस्कान
चेहरे को अनगिनित रगों से
भर गई
धड़कने कुछ तेज़ हुई
सांसे थम सी गई
यह कैसा मीठा एहसास
कुछ पल
के लिए ही सही

खुशी से कहा

खुशी से आज
मैंने कहा
तुम आओगी तो
ज़िन्दगी लौट आएगी

खुशी ने हँसकर
अपने अंदाज़ में
कुछ यूं कहा

ज़िन्दगी को
बाहें खोल अपनालो
मैं भी
वहीं खड़ी मुस्कुराती
नज़र आऊंगी

इंतज़ार

यहां हर किसी को
इंतज़ार है
टकटकी लगाए बैठा है
कुछ भी होने को है
कोई अजूबा घटने को है
उम्मीद बंधी है
कोई पहचान वाला आ जाए
आज की शाम मजेदार हो जाए

घर परिवार का
समाचार मिल जाए
नहीं तो फोन ही बजे
कुछ बातें हो इधर-उधर की
पड़ोस की कहानियां हो जाऐं
शायद दरवाजे की घंटी बजे
पर
आजकल कौन मिलने आएगा
आंखें मानती नहीं
कभी फोन पर तो

कभी दरवाज़े की घंटी पर ध्यान
ना जाने क्या चमत्कार होने को है
आज इंतेज़ार की घड़ी
अभी खत्म हो जाए
कल की तो
फिर कल ही सोचेंगे

तुम कहाँ से आयी

जिंदगी तुम कहां से आई
और किस दौर मुझ में समाई
तुम मेरी दिनचर्या हो
या सुबह से रात
मन में उठते
विचारों की श्रृंखला
हृदय में उमड़ती
भावनाओं का खेल
या मेरी उदासी का माहौल

यदि इस पल तुम यही हो
तो मैं तुम्हे
महसूस क्यों नहीं करती
ज़िन्दगी सच बताओ
क्या मेरा होना ही
तुम हो ज़िन्दगी

कुछ पास बैठो

अब आए हो तो
कुछ पास बैठो
ज़िन्दगी के लम्हों को
फिर समेटने की कोशिश करें

कुछ अपनी कहो कुछ मेरी सुनो
यूं चुप तो ना बैठो
रास्ते अलग हुए मंज़िले बदली
पर ख्वाब तो नहीं बंटते
ख्वाब जो साथ देखे थे
दिलों में घर बना बैठे

कुछ बातें अपने तक ही
सिमटी रही
अब आए हो तो पास बैठो
चंद लम्हों के लिए ही सही
अब शिकायतें कैसी
जो वक्त गुज़र गया
लौट कहां आता है

महीन चादर

इच्छा की खड्डी पर चढ़ी
ख्वाबों के
रंगीन धागों से बुनी

कुदरत के
हर रंग रूप में ढली
हर बदलते
मौसम की पहचान लिए
मेरी ज़िन्दगी की खुबसूरत
महीन रंगीन चाद्दर
एक घागा भी
खिंच गया
उघडःती चली जाएगी
बिखरे टुकड़े, समेटने
और फिर से
चादर पर टाकने, मुश्किल मुझे

अधूरी कहानी

हज़ूर सुनिए
मेरे शब्दों पर गौर फ़रमाइए
इस दरवाज़े पर सोच कर ही आइए
यह घर है कबाड़ी की
दुकान तो नहीं
हर शख्स ज़िन्दगी के घिस्से पिटे
किस्से लिए, मुंह उठाए
चला आता है

किसी भी कीमत पर
सौदा करने की कोशिश
में सतर्क रहता है
थोड़ी भी ढील क्या दूं
बैठने को, प्यार से कह दूं
अपना बोझ
हल्का करने में लग जाता है
कुछ मेरा भी सोचिए
मैं कौन सा दरवाज़ा खटखटाऊं

किस चौखट पर
अपना बोझ उतार आऊं
आज कल नाकामयाब
अनुभवों के नीचे दबी
योदोंसे घिरी
हर इंसान की बेबस ज़िन्दगी

तुझे अपना लिया है

ज़िन्दगी तुझे
अपना बना लिया है
क्यों कैसे, क्यों नहीं
सब पीछे छोड़
तेरा हर पहलू अपनालिया है

शांत वातावरण
ना विचारों का प्रतिद्वंद
ना शब्दों में अंगार

तेरे हर रंग रूप में
अपने को ढाल,
हर किसी से मन का
नाता जोड़ दिया है
अब शिकायतों से
कैसी शिकायत

मन मेरे शांत हो जा

संत कबीर दास जी ने ठीक ही लिखा अपने दोहे में

"मन के माते मत चलिए मन के माते अनेक
जो मन पर असवार है, वह विरला साधू कोई एक"

अपने मन को जो समझ ले और विवेक बुद्धि से काम
ले एसा ज्ञानी हजारों में एक है। वही मन हमारा
अच्छा मित्र यां दुश्मन हो सकता है, हरदम यह मन
मीठे ख्वाब दिखाता है। मन की मानू यां मस्तिष्क
की, यह प्रतिद्वंद सदा चलता रहता है।

स्थिर हो जा

मन मेरे
तू शांत हो जा
विचारों ख़यालों को बाँध
एकाग्र हो जा

शब्दों का शोर
है कि रुकता नहीं
कुछ श्रवण, कुछ मनन
कुछ ध्यान कर स्थिर हो जा
अनगिनित विचारों की बहाव
इनमें ना कोई तथ्य
ना ही कोई सार

मेरे मन तू
किस दौड़ में है
औरों के किस्से कहानियाँ
अपना बना
मुझे और परेशान मत कर
मन मेरे तू शांत हो जा

मनमानी

मेरा मन
आज़ाद परिंदा
दिनभर मनमानी करता है
इस पल की
इसको होश नहीं
मीठे ख्वाब दिखाता है

कई बार
इसे समझाऊं मैं
अपनी ही धुन में रहता है
मन मेरा मदमस्त मलगं
बेपरवाह
मनमर्ज़ी करता है

दिनचर्या

कभी कभी
मेरी दिनचर्या में
बीता कल
चुपचाप चला आता ह
आने वाले कल की
उम्मीदों को
बार-बार दोहराता है

इन दोनों कल की
खींचातानी में
मेरा वर्तमान
लुप्त हो जाता है
कभी-कभी
मेरी दिनचर्या में
बीता कल
चुपचाप चला आता है

प्रश्न पूछता मन

कितने प्रश्न
करता है मेरा मन
ना मैं गुरु ना ही महान ग्रन्थ
फिर भी
औरों की ज़िन्दगी का
हर मसला
सुलझाने को मुझसे
कहता है यह मन

यदि मैं मौन रहूं
तो मेरी चुप्पी पर भी
असंख्य प्रश्न खड़े करता यह मन

शब्दों की दुनिया

शब्दों की दुनिया
कल्पनाओं की दुनिया
मन में उठते
अनेक विचारों की दुनिया
अनगिनत अनकहे
सवालों की दुनिया

अनेक प्रश्न उतने ही उत्तर
इन्हीं पहेलियों को
सुलझाती मेरी छोटी सी मायवी दुनिया
तुझे कुछ नया बनाने की इच्छा में गुजरती
आशावादी दुनिया

चंचल मन

यह दिल मेरा
हर वक्त
संसार के किस्से कहानियां
सुनाता है मुझे
नींद खुलते ही
मेरे पास बैठ
हर बात को खूब बड़ा चढ़ा
एक नया उपन्यास बना देता है

इसकी यह अठखेलियों
बहुत भली मुझे
हर हाल में
खुश देखना चाहता हैमुझे
मेरा नादान मन

मस्तिष्क मेरा

मेरा मस्तिष्क है या
मेरे विचारों का मुसाफ़िर खाना
या अनगिनित
ख्वाबों का आशियाना

दिन भर का श्रवण मनन
रातों को काम नहीं आता
आखं जैसे बंद
मस्तिष्क का मकड़ा
इच्छाओं के जाल
बुनता चला जाता, फिर
उसमें ही उलझा रहता

ना मन पर भरोसा
ना तकिए पर मीठी नींद
ना ही कुछ गुरु ज्ञान
रात के सन्नाटे में
कुछ भी काम नहीं आता

बूँद कुछ ऐसे गिरी

बूंद कुछ ऐसे गिरी
आखं नम हो गई
पलकों ने शिकायत की
बूंद से
तुम क्यों मेरे नयनों से छलकी
क्या गम है तुम्हें
आंखों में रहती सिमटी
अपने इस गम में मुझे भागीदार मत बनाओ
जो पीछे छोड़ दिया उसे पुनः मत दोहराओ
सब भूल मैं
बहुत आगे निकल आई
मेरी बीती ज़िन्दगी
अब मुझे मत लौटाओ
बूंद कुछ ऐसे गिरी
ख्याल नम हो गए

एक शाम यूहीं

एक शाम चुपचाप बैठे
यूं ही निकल गई
मैं उसे देखती रही
उसकी निगाहें मुझ पर बनी रही

बात जहां खत्म थी
वही रुकी रही
बाकी कहने को बहुत कुछ था
ना उसने कहा ना मुझे कुछ सुझा
बेमतलब की बातें
होती रही

इस तरह
दिन बीते रातें बीती
ज़िन्दगी गुज़रती गई

मैं मौन रहूँ तो

आज मन से मैंने कहा
मैं मोन ही रहूं
तो कैसा होगा
तुमसे बात करने की
खास इच्छा नहीं

चुप रहना तो दूर
विचारों ने जकड़ लिया
इच्छाओं ने घेर लिया
रात भर
शिकायतों का
सिलसिला चलता रहा

सुबह ख्वाबों के आलिंगन
में सोए थे दोनों
ना जाने कौन से शिकवे
दर्ज होते रहे
कैसी इच्छाएं पनपती रही
दोनों बीच रात भर
यह तो अब सुबह ही बताएगी

ज़िन्दगी की गहराई

ज़िंदगी
की गहराई में
इतना मत डूबो दोस्त
नहीं तो क्यों कब और कैसे मे

उलझे रह जाओगे
हर सदी में यह प्रश्न
वही उत्तर पुन: दोहराओगे

समय किसी के लिए
ठहरता नहीं
धीरे धीरे हम सभी
एक दूसरे को भूल दूर निकल आएँगे
इस राह पर नए राहगीर
फिर कदम उठाएँगे
नए पुराने पदचिह्न
बनते मिटते चले जाएंगे

गुमान

खुद के शब्दों विचारों पर
हर समय
इतना गुमान कैसा

कुछ वक्त
हमें भी दीजिए
अपने ख्यालों को
खुलकर रखने का

हम जोर से
तो नहीं बोलते
पर मन में भावनाए
और संस्कार रखते हैं
आप ही की तरह
फिर
समस्या कैसी

अल्फाज़

अल्फ़ाज़ तुम्हारे
भावनाओं से मैं भर दूं
चेहरा मेरा, मुस्कान तुम दे दो
रात तुम्हारी, नीन्द तुम्हारी
बेचैनी तुम्हारी
तुम्हारी मीठे ख्वाबों से
मैं भर दूं

कभी कभी यूँही

कभी-कभी यूं ही बैठे
कई किस्से उमड़े आते हैं

भूली बिसरी यादों को
बार-बार दोहराते हैं
बीते हर मौसम की
पहचान पुनः करवाते हैं

कुछ दौर जो
मुश्किल लगते थे
आंधी तूफान बन बरसे थे
कुछ
बारिश की ठंडी धारा बन
तन मन मेरा सींच गए
कुछ लम्हें

आखें नम कर जाते
कुछ लाते होठों पर
मुस्कान
कभी-कभी यूं ही बैठे
कई किस्से उमड़े आते हैं

सुकून

चेहरे पर
इतनी उदासी क्यों
मुझसे बात करने से
सुकून मिलता है तो चले आओ

मन को खुलने दो
जी भर कुछ भी कह लेने दो
विचारो को रोको मत
भावनाओं को उभरने दो

आसूँ आए तो रोको नही

धीरे-धीरे थम जायेंगे
हंसी में बदल जायेंगे
एकान्त चाहिए
तो भी चले आना, जब मन भर जाए लौट जाना

नव वर्ष 2022

नव वर्ष उम्मीद मे
बैठे है. लगता है
एक दिन में
संसार बदल जाएगा
कोई फरिश्ता अवतार
ब्रह्मांड से
उतर नीचे आएगा

शायद कोई करिश्मा हो जाए

जादू की छड़ी ऐसे घूमे
संसार अपनी गति में लौट आए
इंसान का अहंकार तो
देखिए, खुद की खामियां
औरों में ढूंढता है
और फिर
हर मुश्किल का हल
तुझसे ही मांगता है
दाता तू दीनदयाल
तेरी कृपा अपरंपार

Epilogue

I don't know when my mother started writing poetry. But, like pearls strung on a string, little by little she threaded thoughts into sentences. She made memories into verses, penning down stories from another time.

She writes in Hindi, the mother tongue of the displaced, who found themselves in Delhi in the '50s, after leaving Lahore for Benares. Delhi became home. Like little drops of water, her poems became an unending ocean of words, which floated to her while lost in thoughts.

This book is dedicated to the cities and people who shaped her. She holds dear to her heart her late parents, Bhim Sen and Shanta Kapoor. Her husband and my father, Ravi, who never niggled her when she was spending hours scribbling away in countless books strewn all over. To my sisters and their husbands, Tanvi and Rohit Mehra and Deepti and Prashant Mahajan, who have been very encouraging and are just a reflection of her. And to the memory of her in-laws, my loving grandparents, Bal Krishan and Raj Dulari Mehra.

The book also wouldn't have been possible without our wonderful assistant, Tavanya Seth.

Each section reflects a small vignette of her life. She expresses her thoughts simply and profoundly, each which resonate with the wider world.

Life is a riddle. It is to be lived. It is to be experienced and felt deeply.

In "Zindagi Teri Dhoop Chhaon" Mein, she writes,

Zindagi tujhe na to hum dekh paate hain
aur mehsus karne ki koshish hi nahin karte

Hopefully, with this book in your hands, you realise life is a bittersweet journey to be lived at its fullest.

My mother leaves this legacy for her four grandchildren, Mihir, the twins Sanya and Samika, and Esha. May they live and thrive, grabbing with joy all that life offers to them.

My warmest wishes,
Neeti Mehra